WORDS FOR THE ROAD II
100 short reflections and puns

ORD MED PÅ VEIEN II
100 korte refleksjoner og ordspill

Other books written by George Manus:

THOUGHTS, English
TANKER, Norwegian

REFLECTIONS I, English
REFLEKSJONER I, Norwegian

REFLECTIONS II, English
REFLEKSJONER II, Norwegian

REFLECTIONS III, English
REFLEKSJONER III, Norwegian

A WOMAN'S MANY MIGRATIONS, English
EN KVINNES MANGE FLYTTINGER, Norwegian

INNOVATIONS AND CREATIONS, English

THE MAX MANUS COMPANIES -70 years in communication, English
MAX MANUS FIRMAENE - 70 år i kommunikasjon, Norwegian

STORIES & THOUGHTS I, English
HISTORIER & TANKER I, Norwegian

WORDS FOR THE ROAD   ORD MED PÅ VEIEN I   English - Norwegian

WORDS FOR THE ROAD   ORD MED PÅ VEIEN II   English - Norwegian

WORDS FOR THE ROAD   ORD MED PÅ VEIEN III   English - Norwegian

WORDS FOR THE ROAD   ORD MED PÅ VEIEN IV   English - Norwegian

WORDS FOR THE ROAD   ORD MED PÅ VEIEN V   English - Norwegian

WORDS FOR THE ROAD   ORD MED PÅ VEIEN VI   English - Norwegian

WORDS FOR THE ROAD   ORD MED PÅ VEIEN VII   English - Norwegian

WORDS FOR THE ROAD   ORD MED PÅ VEIEN VIII English - Norwegian

WORDS FOR THE ROAD   ORD MED PÅ VEIEN I X   English - Norwegian

WORDS FOR THE ROADI   ORD MED PÅ VEIEN X   English - Norwegian

You are heartedly welcome to quote from this book, respecting the copyright.

ISBN: 9788743028857

Author: George Manus
Copyright: George Manus
Design and layout: Ole Praud
Illustrations: Laura Hamborg

Print:
Books on Demand, Norderstedt, Germany

Editor:
Books on Demand, Copenhagen, Denmark, www.BoD.dk

e-mail: george.manus@mminnovation.no
Homepage: www.george-manus.jimdo.com

Utgave 3.

Preface

The first WORDS FOR THE ROAD I I dedicated to the coincidences because it was based on coincidences.

WORDS FOR THE ROAD II is a continuation of the first and has been given the subtitle: 100 short reflections and puns. As it came about by inspiration I dedicated it to the "Inspiration". Read the reflection "Inspiration" from page 14. (From Reflections I)

In 1994 I wrote this about life: "Life is the most important inspiration". It might not be new, but clearly without conscious plagiarism. That's what my opinion was like in those days, and still are today, about 25 years later.

Two thirds of these 100 short reflections and puns were put to paper in just a few days. It started with a reflection about "Attitudes" and then the rest came in a steady stream.

The table of contents are presented in alphabetical order both in English and Norwegian. In the book the English comes first with the corresponding Norwegian next to it.

Many of these words for the road are obvious to most people, but can still be good to have in writing.

If you should get a feeling that you've heard some of them before, I can assure you it was never my intention to plagiarize.

I thank Anne Schild for her help with the language, Laura Hamborg for her illustrations and my friend Ole Praud for his consultancy work.

The South of Spain
January 2019
George Manus e-mail: george.manus@mminnovation.no

Forord

Den første ORD MED PÅ VEIEN dedikerte jeg til tilfeldighetene fordi den ble til ved tilfeldigheter.

ORD MED PÅ VEIEN II er en fortsettelse av den første og har fått undertittel: 100 korte refleksjoner og ordspill. Den ble til ved inspirasjon og jeg har derfor dedikert den til "Inspirasjonen". Les refleksjonen "Inspirasjon"som er gjengitt fra side 18. (Fra Refleksjoner I)

I 1994 skrev jeg om livet: "Livet er den viktigste inspirasjon". Den var kanskje ikke ny, men klart uten bevisst plagiering. Slik var min mening den gang og slik er den i dag, rundt 25 år senere.

To tredeler av disse 100 korte refleksjonene og ordspill ble satt på papiret i løpet av noen få dager. Det startet med en refleksjon om "Holdninger" og så kom resten i en stri strøm.

Innholdsfortegnelsene presenteres hver for seg i alfabetisk rekkefølge både på engelsk og norsk. I boken kommer de engelske først, med de korresponderende norske ved siden av.

Mange av disse ord med på veien er innlysende for de fleste, men kan allikevel være gode å ha på skrift.

Hvis du får følelsen av at du har hørt noen av dem før, garanterer jeg at det aldri har vært min tanke å plagiere.

Jeg takker Anne Schild for hjelp med språket, Laura Hamborg for illustrasjoner og min venn Ole Praud for konsulentarbeidet.

Syd Spania
Januar 2019
George Manus e-mail: george.manus@mminnovation.no

CONTENT

INNHOLD

Inspiration

July 1994

A strange word – where does it come from, the word that is?

Latin, of course – explained as: empathy, inhaling, perception, enthusiasm, divine impulse. In my translation – like receiving something.

Well, where does one get inspiration from? Are we all given inspiration or is it granted only a selected few?

Regardless, we all need inspiration from time to time, or don't we?

Inspiration is in my opinion something which one to a certain extent can create.

One can't just sit there and wait for the inspiration to come. One has to, as for instance in marketing, conduct outreach surveys in order to achieve results.

The orders don't just come strolling by on their own.

Inspiration to do what, or for what?

We're used to artists needing inspiration in order to perform, we've sort of grown up with that.

By the way, I heard the other day that Grieg composed some of his best works in a tiny cabin in Utne. He apparently found valuable inspiration there.

I don't believe the inspiration just came to him, he probably sought it out, just there in those scenic surroundings.

His composer's hut, the little house down by the water, a stone's throw from the main house, is well known.

Thaulow's unique rendering of flowing water; inspiration?

He apparently spent a lot of time "on sight" in the cold. Inspiration costs.

Is inspiration synonymous with creativity? It's easy to say that something successful consists of 10% inspiration and 90 % perspiration.

Quite possibly, and in my case the perspiration percentage could be increased to 99.

Regardless, we have to admit that inspiration is a necessary factor, that little or nothing can be created without inspiration but, once again, where does it come from?

For some, perhaps in the form of a revelation; eureka. In this context I find it natural to bring in our inborn curiosity as an element.

Not the normal kind of curiosity, where one sticks one's nose into other people's business, but the kind of curiosity which consists of wanting to know what's hidden around the next corner.

One appears with an open mind, one is receptive, nothing enters a closed hand, as we know.

It's like with a funnel; the wider it is, the more it holds. If one bears that in mind, one can, in a way, gather together the ingredients, or put differently, collect the seeds which will germinate.

Perhaps that in itself is inspiration.

The best form of inspiration probably comes from other people. In this case it's not a question of blind worship of people with authority and power.

We're not all the same. There are people with special radiance and power who don't abuse it.

Why was he or she inspiring to talk to? Why was it an inspiring meeting?

If one lets oneself drift along, lets oneself get immersed in . . . ?

Is it when <u>that</u> happens that one gets inspiration?

All in all, I feel that life itself is the most important inspiration.

Inspiration and Aspiration
Inspiration to create something is an essential ingredient for Aspiration - which is the desire to achieve something you have set fore.

Inspirasjon

Juli 1994

Et merkelig ord - hvor kommer det fra, ordet altså?
Selvfølgelig latin - står forklart med: Innlesing, innånding, oppfattelse, begeistring, guddommelig innskytelse. I min oversettelse - som å motta noe.

Ja, hvor får man inspirasjon fra? Får vi alle inspirasjon eller er det prisgitt bare noen ganske få?

Uansett, alle må da ha behov for inspirasjon i blant, eller hva?

Inspirasjon må etter min mening være noe man selv til en viss grad kan skape.

Man kan ikke bare sitte der å vente på at inspirasjonen skal komme. Man må der, som blant annet i markedsføring, drive oppsøkende virksomhet for å oppnå resultat. Ordrene kommer ikke bare spaserende av seg selv.

Inspirasjon til hva, eller for hva?

Vi er vant til at kunstnere må ha inspirasjon for å kunne yte, vi er liksom vokst opp med det.

Hørte for eksempel forleden dag at Grieg komponerte noen av sine beste verk i en liten stue inne i Utne. Der fant han øyensynlig verdifull inspirasjon. Tror ikke inspirasjonen bare kom til ham, han søkte den sikkert, nettopp der i de naturskjønne omgivelsene.

Komponisthytten hans, det lille huset nede ved vannet, bare et stenkast fra hovedhuset, har vi alle hørt om.

Thaulows unike gjengivelse av vannets bevegelse, inspirasjon?

Han tilbrakte visst uendelig mye tid i kulde "on sight". Inspirasjon kan koste.

Er inspirasjon synonymt med skaperevne? Man slenger ellers så enkelt ut at et eller annet som er vellykket består av 10 % inspirasjon og 90 % transpirasjon.

Godt mulig det og for meg kunne transpirasjon-prosenten gjerne øke til 99%.

Uansett, vi må bare erkjenne at inspirasjon er en nødvendig faktor, at lite eller intet kan skapes uten inspirasjon, men igjen, hvor kommer den fra?

For noen kanskje i form av en åpenbaring, eureka. I denne sammenheng finner jeg det naturlig å bringe inn vår medfødte nysgjerrighet som et element.

Ikke den vanlige form for nysgjerrighet, den hvor man stikker nesen inn i andres saker, men den form for nysgjerrighet som består av at man gjerne skulle vite hva som skjuler seg bak det neste hjørnet.

Man stiller med åpne sanser, man er reseptiv, det kommer som vi vet intet inn i en lukket hånd.

Det blir som med trakten, jo videre den er jo mer favner den. Er man seg dette bevisst så får man på en måte samlet ingredienser, eller sagt på en annen måte, samlet frø som kan spire.

Kanskje er nettopp dette inspirasjon.

Den beste inspirasjonen kommer muligens fra andre mennesker. I denne sammenheng er det ikke spørsmål om blind tilbedelse av mennesker med autoritet og kraft.

Vi er ikke alle like. Det fins mennesker med spesiell utstråling og kraft og som ikke misbruker den.

Hvorfor er hun eller han inspirerende å snakke med? Hvorfor var det et inspirerende møte? Lar man seg drive med, lever man seg selv inn i ..?
Er det når <u>det</u> skjer at man får inspirasjon?

Stort sett føler jeg at livet i seg selv er den viktigste inspirasjon.

Inspirasjon og Aspirasjon
Inspirasjon til å kreere eller skape noe er en vesentlig ingrediens for Aspirasjon - som er ønske om å oppnå noe man har satt seg fore.

FRIENDLY AND UNFRIENDLY

As Friendly, one slip easily into most environments - while as Unfriendly, one will be standing outside.

THRIFTY AND GENEROUS

The Thrifty gets the time passing by thinking about what can be saved - while as Generous, one is exempt from the same puzzles.

GUILTY AND INNOCENT

The Guilty focuses on the consequences of what caused the blame - while as Innocent one is exempt from those qualms.

SUN AND MOON

The Sun is proud to have given people the moon's luminous magic - while the Moon has enough to keep track of the tide and its dance around the globe.

VENNLIG OG UVENNLIG

Som Vennlig glir man lett inn i de fleste miljøer
- mens man som Uvennlig blir stående utenfor.

SPARSOMMELIG OG RAUS

Den Sparsommelige får tiden til å gå med å ten-
ke på hva som kan spares - mens den Rause er
fritatt for de samme grubleriene.

SKYLDIGE OG USKYLDIGE

Den Skyldige basker med konsekvensene av det
som ledet til skyld - mens den Uskyldige er fri-
tatt for den slags kvaler.

SOL OG MÅNE

Solen er stolt av å ha gitt menneskene månens
lysende trolldom - mens Månen har nok med å
holde styr på tidevannet og dansen rundt klo-
den.

CLOUDS AND BLUE SKY

The Clouds are the world's best protection of living conditions - while It's the Blue Sky which ensures the life the Clouds protect.

THICK OR THIN

Being Thick or Thin is like with the pipe - whatever the dimension, it's right for some.

SHORT AND TALL

Given that they otherwise have the same prerequisites - the Short can reach the same goals as the Tall without stretching extra.

HEAT AND COLD

The Heat gives us well-being and security - while the Cold creates the good feeling of longing for Heat.

SKYER OG BLÅ HIMMEL

Skyene er klodens beste beskyttelse av levevilkår
- mens det er Blå Himmel som skaper og sikrer
det livet som Skyene beskytter.

TYKK ELLER TYNN

Det blir som med røret - uansett dimensjon er
det riktig for noen.

KORT OG HØY

Gitt at de ellers har de samme forutsetninger -
kan den Korte nå de samme mål som den Høye
- uten å strekke seg ekstra.

VARME OG KULDE

Varmen gir oss trivsel og trygghet - mens Kul-
den skaper den gode følelsen av lengsel etter
Varme.

EVIL AND KIND
Evil is also created by people who are not bad - but that does not mean they are Kind.

COMPLIMENT AND HAPPINESS
Compliment and Happiness are well related - whether you give or receive Compliments it sores Happiness.

SOUR AND SWEET
It is said that the apple is Sour, and that revenge is Sweet - but the apple can also be Sweet and revenge Sour.

FORTH AND BACK
Forth suggests: "Should we move together Back"?
Back answers: "Gladly, but the distance remains the same."

SLEM OG SNILL

Ondt skapes også av mennesker som ikke er Slemme - men det er ikke ensbetydende med at de er Snille.

KOMPLIMENT OG GLEDE

Kompliment og Glede er vel beslektet - om du gir eller får, det Glede sår.

SUR OG SØT

Det sies at eplet er Surt og at hevnen er Søt - men eplet kan også være Søtt og hevnen Sur.

FREM OG TILBAKE

Frem foreslår: "Skal vi flytte sammen Tilbake". Tilbake svarer: "Gjerne det, men avstanden forblir den samme."

BIRD AND FISH

The term "Neither Fowl nor Fish" means something like a little of each - while it should have been either - or: The Bird flies and the Fish swims.

DEEP AND SHALLOW WATER

You do not have to get wet even when you are "in Deep Water" - while it is impossible to walk dry in Shallow Water.

UGLY AND PRETTY

If you acknowledge that: "Everyone is right from their prerequisites" - it softens the description Ugly, while Pretty is given shades.

HOW DO WE MEASURE TIME?

When we don't Measure Time in what we get done and what we don't get done, we Measure it in relation to our experience from earlier time frames. Whether it is conscious or not, everything we do happens in time frames

July 2020

FUGL OG FISK
Uttrykket "Hverken Fugl eller Fisk" betyr noe sånt som litt av hvert - mens det burde ha vært enten - eller: Fuglen flyr og Fisken svømmer.

DYPT OG GRUNT VANN
Man behøver ikke bli våt selv om man er "på Dypt Vann" - mens man umulig kan gå tørrskodd på Grunnen.

STYGG OG PEN
Hvis man erkjenner at: "Enhver har rett ut fra sine forutsetninger" - mildnes beskrivelsen Stygg, mens Pen gis nyanser.

HVORDAN MÅLER VI TIDEN?
Når vi ikke Måler Tiden i det vi får gjort eller ikke får gjort - Måler vi den i forhold til vår erfaring fra tidligere tidsrammer. Enten det er bevisst eller ikke, alt vi gjør skjer i tidsrammer.

Juli 2020

DETAILS AND WHOLENESS
Too many, the Details are diverse and boring - while the Wholeness is simpler.

LIFE AND DEATH I
Life must be lived while you have it. Thoughts about Death should be postponed, they will come soon enough.

UNITY AND DISAGREEMENT
Unity leads to peaceful reconciliation - while Disagreement creates stagnation in any progression.

EXPERIENCE AND KNOWLEDGE
Experience is something you gain over time - while Knowledge is a result of Experience.

DETALJER OG HELHET

For mange er Detaljene mangfoldige og kjede-
lige - mens Helheten fortoner seg som enklere.

LIV OG DØD I

Livet må leves mens man har det. Tanker om
Døden bør utsettes, de kommer tidsnok.

ENIGHET OG UENIGHET

Enighet fører til fredelig forsoning - mens
Uenighet skaper stagnasjon i enhver progresjon.

ERFARING OG VITEN

Erfaring er noe man opparbeider over tid - mens
Viten er et resultat av Erfaringer.

Clouds and the blue sky
Skyer og blå himmel

Laura Hamborg

Faithful and Infidelity
Trofast og Utro

Laura Hamborg

FREEDOM AND COMPULSION

"Fight for everything you love". (Christian Richard 1867).

Motivation and performance can only be created under Freedom. Compulsion brings no dynamic to neither of them.

2019

LAUGHTER AND CRY I

Although it is said that a good Laugh prolongs life, one should not bet only on laughter as a life-extender. Releasing a Cry can have the same effect.

HOPE AND OPTIMISM

Hope is like a prayer. Let every Hope get the support of Optimism and it gets extra strength.

GRACE AND DISGRACE

When you live on Grace balance is a challenge, but you can do something about it. If you live on Disgrace you must ask for miracles to turn the situation.

FRIHET OG TVANG

"Kjemp for alt som du har kjært". (Christian Richard 1867)

Motivasjon og ytelse kan kun skapes under Frihet.

Tvang slår bena unna enhver utvikling.

2019

LATTER OG GRÅT I

Selv om det heter at en god Latter forlenger livet, bør man ikke alene satse på det som en livs-forlenger. Slipp frem Gråten, den kan bestemt ha samme virkning.

HÅP OG OPTIMISME

Å Håpe er som en bønn i seg selv. Gi ethvert Håp støtte av Optimismen og det får ekstra styrke.

NÅDE OG UNÅDE

Når man lever på Nåde er balansegangen en utfordring, men det kan man gjøre noe med. Lever man på Unåde må det mirakler til for å få snudd situasjonen.

INSPIRATION AND ASPIRATION

Inspiration to create something is an essential ingredient for Aspiration - which is the desire to achieve something you have set fore.

MATURE AND IMMATURE

When the fruit is Ripe, it is picked and dies - When humans are Mature, it's the start of new challenges. When the fruit is Immature, it is fertilized and watered - while a human being Matures naturally through experience and life wisdom.

CURIOUS AND INDIFFERENT

Curiosity is the door opener for any development - while Indifference gives rise to stagnation.

GOOD AND BAD CONSCIENCE

Everyone is acquainted with both Good and Bad Conscience - while the degree of the good or the bad is essential to our well-being.

INSPIRASJON OG ASPIRASJON

Inspirasjon til å kreere eller skape noe er en vesentlig ingrediens for Aspirasjon - som er ønske om å oppnå noe man har satt seg fore.

MODEN OG UMODEN

Når frukten er Moden, plukkes den og dør - når mennesket er Modent er det starten på nye utfordringer. Når frukten er Umoden, gjødsles og vannes den - mens et menneske Modnes naturlig gjennom erfaring og livsvisdom.

NYSGJERRIG OG LIKEGLAD

Nysgjerrighet er døråpneren for enhver utvikling - mens Likegladhet gir grobunn for stagnasjon.

GOD OG DÅRLIG SAMVITTIGHET

Alle stifter bekjentskap med både God og Dårlig Samvittighet - mens graden av den Gode eller Dårlige er avgjørende for vår trivsel.

GUILT AND INNOCENCE
The feeling of Guilt is hard to bear - while the weight of Innocence is light as a feather.

DOUBT
Imagine if one could be large enough to let the doubt go to the one "in the deepest water", before expressing ones' own meanings.

THE HOUR AND PEOPLE
For the watch, every Hour has the same length - while for Humans, an Hour can be both short and long.

HONESTY AND LIES
If one Focus on Honesty and give it full support - Lies will retreat without battle.

SKYLD OG USKYLD
Følelsen av Skyld er tung å bære - mens tyngden
av Uskyld er lett som en fjær.

TVILEN
Tenk om man kunne være stor nok til å la tvi-
len tilfalle den som synes å "svømme mest", før
man kommer med sine egne meninger.

TIMEN OG MENNESKET
For klokken er hver time like lang - mens for
Mennesker kan en Time være både kort og lang.

ÆRLIGHET OG LØGN
Fokuserer man på Ærlighet og gir den full støtte
- vil Løgnen trekke seg tilbake uten kamp.

COMMUNICATION-PREREQUISITES

One of the reasons why Communication becomes complicated is that everyone is right based on their Prerequisites.

2018

DEVELOPMENT I

We should always arrange ourselves in such way that we master the Development.

FIGHTING

It Fights for a thousands of a second - without time no winners and if no winners no losers either?

ECONOMY AND PEACE

Mutual Economical dependence is a good base for Peace.

SAMTALER OG FORUTSETNINGER

En av grunnene til at Samtaler blir komplisert, er at alle har rett ut fra sine Forutsetninger.

2018

UTVIKLING I

Vi bør alltid stelle oss slik at det er vi som behersker Utviklingen.

DET KJEMPES

Det Kjempes på tusendeler av et sekund - uten tid ingen vinnere og hvis ingen vinnere heller ingen tapere?

ØKONOMI OG FRED

Gjensidig Økonomisk avhengighet er et godt grunnlag for Fred.

CRITICISM AND SELF-CRITICISM

Criticism is something everyone should get and give - while Self-criticism is a good guide.

FOCUS AND VISION

Focusing on the goal is most important of all - while Vision is needed to check that all conditions are in place to reach it.

PROGRESSION OR STAGNATION?

Either way, if the wheels are to continue rolling, it's only one way and it's going forward. Turning time back is catastrophic, especially for those thinking it's better to take a bigger part from the wealthy. Money only exists if it's created.

TIMING I

Despite all analyses, correct "Timing" can't be calculated.

KRITIKK OG SELVKRITIKK

Kritikk er noe alle bør få og gi for å komme på gli - mens kontinuerlig Selvkritikk er en god rettesnor.

FOKUSERING OG VIDSYN

Fokusering på målet er viktigst av alt - mens Vidsyn må til for å holde kontroll underveis.

PROGRESJON ELLER STAGNASJON

Uansett, hvis ikke hjulene skal stoppe og rulle, er det bare en vei og den går fremover. Å skru tiden tilbake er en katastrofe, spesielt for dem som tror de får det bedre ved å ta en større part fra de velstående. Penger eksisterer kun hvis de er skapt.

TIMING I

Uansett all verdens analyser, riktig "Timing" kan ikke beregnes.

PEOPLE
People are no different from the way they present themselves daily.

TO KNOW ONESELF
It's only through experience one learns to Know Oneself.

WET AND DRY
Whatever the reasons for one being Wet - one can very well have things on the Dry.

LIGHT AND SHADOW
One can be illuminated without Light - while in the world of Shadow it is difficult to orientate oneself.

MENNESKET
Vi Mennesker er ikke annerledes enn det vi fremstår som i det daglige.

Å KJENNE SEG SELV
Det er kun gjennom erfaring man lærer Seg Selv å Kjenne.

VÅT OG TØRR
Uansett hva grunner er til at man er Våt - kan man godt ha sitt på det Tørre.

LYS OG SKYGGE
Man kan være opplyst uten lys - mens i Skyggens verden er det vanskelig å orientere seg.

RELATION TO NATURE

I believe that most people who are genuinely fond of Nature and wildlife are good people.

TO DO ONES BEST

Do the Best you can, no one else can do it for you.

PEOPLE'S ENEMY

I'm in no doubt that People are Peoples worst Enemy. An advantage that may bring some hope however, is that we all belong to the same race, although at times that is difficult to believe.

2015

WHAT A GOOD LIFE

What a Good Life we could live if we could avoid stupidity.

2015

FORHOLD TIL NATUREN

Jeg tror at de fleste mennesker som er oppriktig glad i Naturen og dyreliv er gode mennesker.

Å GJØRE SITT BESTE

Gjør det Beste du kan, ingen andre kan gjøre det for deg.

MENNESKETS FIENDE

At Mennesket er Menneskets verste Fiende er jeg ikke i tvil om. En fordel som kan gi håp er at vi alle tross alt tilhører menneskeheten, selv om man til tider ikke skulle tro det.

2015

FOR ET HERLIG LIV

For et Herlig Liv vi kunne hatt hvis vi unngikk dumheter.

2015

CONFUSION I

I don't know if my life has been fair -
as something probably got lost in the air.
I took the leap and my style was good,
I landed with my feet together, but I stood.
The length was not one of the best,
though I beat most of the rest.
One is but a flake in the eternal snow,
but burns oneself out like the hottest glow.
For what does one use one's strengths the most,
and is it so that one can get lost?
Why take things so seriously, when it can all be
done so easily?

1996

FORVIRRING I

Jeg vet ikke hva slags liv jeg har levet -
og jeg har nok mistet en del i svevet.
Satsen var bra og stilen var god,
Nedslaget jamsides, men jeg sto.
Lengden var ikke av de beste, selv om jeg slo de
aller fleste.
Man er som en prikk mot den evige sne,
Men brenner seg selv som knusktørr ved.
Hva brukes så alle kreftene til og er det slik at
man går seg vill?
Hvorfor ta ting så seriøst, når det hele kan gjø-
res lett og løst.

1996

Evil and Kind
Slem og Snill

Laura Hamborg

Relation to nature
Relasjon til naturen

Laura Hamborg

EVENING PRAYER UNDER STRESS

Dear God - give me strength if you would -
so, I can do my job as I should.
Turning around is too easy today -
I could have stopped it before you say?
I could have battened down the hold - there is
always a choice - but can faith be sold?
Let your goals remain as before - the important
thing is the process - every day is an either or.
Conditions change - negotiations take place -
details are important when things must be faced.
From up above you can see it all -
look out when you're fishing - catch me in your
trawl.
Let me belong to the ones you give strength, so
that I can carry out my responsibilities at length.

Copenhagen 24.09.92

AFTENBØNN UNDER STRESS

Kjære Gud - gi meg styrke-
Det er først og fremst det jeg trenger i mitt yrke.
I dag er det alt for lett å snu-
Jeg kunne ha stoppet det før sier du?
Visst kunne jeg nedlagt - man har alltid et valg-
men er troen en vare man stiller til salg?
La mål være mål - det er prosessen som teller -
Hver eneste dag er et enten eller.
Forutsetninger endres - forhandlinger føres -
detaljene teller når ting skal gjøres.
Du ser på det hele med blikket fra oven - Pass på
når du fisker - få meg med i håven.
Gi plass til meg blant de du gir styrke - så jeg
med mitt ansvar kan stå for mitt yrke.

København 24.09.92

TO AN UNNAMED PERSON

To put into words what I'd like to say to you
is something I cannot easily do.
But I want you to know that my feelings are strong and
with my thoughts there is nothing shamefully wrong.

As the Vicar in his sermon does prettily say - on my way
to church I met with play -
a little boy was sat by the water weeping
and I asked him what hurtful secrets he was keeping.

He looked at me with tearful eyes and said -
I have my oars mislaid -
My answer was that it made me sad,
but now you're dry as you're sitting there,
you've made it ashore, so something must have led you
here?

His expression changes - a smile appears
he sees it, understands it and is given a taste of the com-
ing years.
Oars in a boat are good when had - but safety on land
makes him very glad.

The boy gets up and runs along -
skipping from one leg to the other -
He turns around waving.

28.07.1990

TIL EN IKKE NAVNGITT

Å skrive med ord det til deg jeg vil si-
Stiller krav som jeg ikke formår.
Men det skal du vite, at føle jeg kan
Og at tanken har ingen skam.

Som presten sier så smukt i sin preken-
På veien til kirken jeg møtte leken-
En liten pjokk satt ved vannet og gråt
Og jeg spurte ham mildt hva som var så sårt.

Han ser på meg med øyne i tårer og sier-
Jeg har mistet mine årer-
Mitt svar; det var trist, men her sitter du tørt, til lands
er du kommet, noe må deg ha ført?

Uttrykk forandres- frem kommer smilet-
Han ser det, forstår det og smatter på livet.
årer i båten er gode å ha-
Men trygghet på land gjør ham inderlig glad.

Pjokken reiser seg og løper av sted - Først på det ene
benet han hinker-
Så på det andre-
Han snur seg og vinker.

28.07.1990

DIFFERENCES AND SIMILARITIES

There are differences between the various types of loving - There are differences between touching and feeling - There are differences, one must give to receive - There are differences, we should all understand and believe.

There are similarities between lovemaking and happiness - There are similarities, that can be felt and seen in the process - There are similarities between giving and receiving - There are similarities, in which one should keep believing.

Are there differences between laughing and crying?
Are there differences we can all see by trying?
Are there differences like the first?
If so, they're not big enough to burst.

Similarities and differences, as in cat and dog?
Similarities and differences, as in daylight and nights of fog?
Similarities and differences, as in black and white?
Similarities and differences, to be seen in one's own light.

February 1996

FORSKJELL OG LIKHET

Det er en forskjell på å være glad i -
Det er en forskjell på å føle å ta i -
Det er en forskjell, man må gi for å få -
Det er en forskjell, det bør alle forstå.

Det er en likhet mellom elskov og glede -
Det er en likhet, du kan føle å se det -
Det er en likhet mellom å gi å få -
Det er en likhet, det bør alle forstå.

Er det en forskjell på å gråte å le?
Er det en forskjell som vi alle kan se?
Er det en forskjell som er lik den første?
Er det en forskjell er den ikke den største.

Likhet og forskjell, som hund og katt?
Likhet og forskjell, som på dag og natt?
Likhet og forskjell, som sort og hvitt?
Likhet og forskjell, enhver ser sitt.

Februar 1996

THE BUSINESS LEADER
The business leader who does not put the customer to the top of the line - will sooner or later have to take the negative consequences that follow.

THE CHOICE
Both God and the Devil have seed in each of us - but we decide what seed to grow.

June 2018

YES OR NO
The easiest thing is to say Yes. The art is to say No and be respected.

June 2018

FORRETNINGSLEDEREN

Den forretningsleder som ikke setter kunden i høysetet - vil før eller senere måtte ta de negative konsekvensene som følger.

VALGET

Både Gud og Djevelen har såkorn i hver av oss - men vi bestemmer selv hvilket såkorn som skal vokse.

Juni 2018

JA ELLER NEI

Det enkleste er å si Ja. Kunsten er å si Nei og bli respektert.

Juni 2018

DEPENDENCE I

If you have a special attitude to another person, you should expect that she or he also has a special setting for you.

June 2018

RIGHTEOUSNESS

A Righteous person need not necessarily be a slave of laws and regulations.

June 2018

THE BEST

In sports like in all other challenges it is good that the Best doesn't always win.

July 2018

WORRY

There is no need to Worry about if one is going to heaven or down below when one pack up. That has long been decided based on how one has lived.

July 2018

AVHENGIGHET I

Har du en spesiell innstilling til et annet men-
neske, skal du regne med at vedkommende også
har en spesiell innstilling til deg.

Juni 2018

RETTSKAFFENHET

En Rettskaffen person behøver nødvendigvis
ikke være en slave av lover og regler.

Juli 2018

DEN BESTE

I sport som i alle andre utfordringer er det godt
at ikke den Beste alltid vinner.

Juli 2018

BEKYMRING II

Det er ingen grunn til å Bekymre seg over om
man skal til himmelen eller ned under når man
sier takk for seg. Det er for lengst bestemt ut fra
hvordan man har levet.

Juli 2018'

SAMARITANS

It's amazing what some "Samaritans" in society do without taking payment for it.

2017

TOLERANCE II

It is said that opposites attract each other. Much right in it, but not without Tolerance.

2014

LIFE II

The only thing we know about Life is that it's lived by all of us, in one form or other, as long as we live.

2016

TO KNOW

Knowing is superior to assumptions.

July 2018

SAMARITANERE
Det er utrolig hva noen "Samaritanere" i samfunnet gjør uten å ta seg betalt for det.

2017

TOLERANSE II
Det heter at motsetninger tiltrekker hverandre. Mye riktig i det, men ikke uten Toleranse.

2014

LIVET II
Det eneste vi vet om Livet er at det leves av oss alle, i en eller annen form, så lenge vi lever.

2016

Å VITE
Å vite er antagelsen overlegen.

Juli 2018

LIFE AND SURF

Life is like a continuous Surf. You must keep the balance until you reach land - only then it's over.

2016

THE GOLDEN MIDDLE WAY

The Golden Middle Way of life's challenges is what one should strive for - but never forget that one must also live the life one has received here on earth.

2013

NOTHING IS IDEAL

Nothing is Ideal in the world, so we must accept the "truths" we are presented daily and otherwise use our common sense.

2014

CHALLENGES II

It is mostly through Challenges and the way we tackle them we move on.

2015

LIV OG SURF

Livet er som en kontinuerlig Surf. Du må holde balansen helt til du når land - først da er det over.

DEN GYLDNE MIDDELVEI

Den Gyldne Middelvei i forhold til livets utfordringer er det man bør strebe etter - men glem aldri at man også skal leve det livet man har fått her på jorden.

2013

INTET ER IDEELT

Intet er Ideelt i verden, så vi må godta de "sannheter" vi daglig presenteres for og ellers bruke vår sunne fornuft.

2014

UTFORDRINGER II

Det er stort sett bare gjennom Utfordringer, og takling av dem, vi kommer videre.

2015

THE VOICE AND NUCLEAR POWER

The Voice and Nuclear Power have similarities. Used as weapons, they can have their greatest importance when not in use.

1990

GLANCE

A look can be enough - Heaven or Hell.

1994

PRIVILEGES

One of the greatest Privileges of man is that we can have thoughts for ourselves.

2018

GOOD THOUGHTS

Good Thoughts cleanse the conscience. Only action gives results.

July 2018

STEMMEN OG ATOMKRAFT

Stemmen og Atomkraft har likheter. Brukt som våpen kan de ha sin største betydning når de ikke blir brukt.

1990

BLIKK

Et blikk kan være nok - Himmel eller Helvete.

1994

PRIVILIGERINGER

Et av menneskets største Privilegier er at vi kan ha tankene for oss selv.

2018

GODE TANKER

Gode Tanker renser samvittigheten. Kun handling gir resultater.

Juli 2018

TO DO SOMETHING
If there is Something you think you can Do - than prove that you can.

June 2018

DO THINGS LIVE ON?
Is there anything in that Things Live On? In my opinion, it's of no importance through what or who - the most important is that Things Live On.

STATED AND OVERBEARING
As Stated, you stretch out your arms and shake your head - while as Overbearing you smile and accept other's mistakes.

THE PUMP
No Pump in the world is more valuable than the one that pumps water.

July 2018

Å GJØRE NOE
Hvis det er Noe du tror du kan Gjøre - så bevis at du kan.

Juni 2018

LEVER TING VIDERE?
Er det noe med at Ting Lever Videre? Det er etter min mening ikke av så stor betydning gjennom hva eller hvem - det viktigste er at Ting Lever Videre.

OPPGITT OG OVERBÆRENDE
Den Oppgitte slår ut med armene og rister på hodet - mens den Overbærende trekker på smilebåndet og aksepterer andres feil.

PUMPEN
Ingen Pumpe i verden er mer verdifull enn den som pumper vann.

Juli 2018

"Sleepless"
"Søvnløs"

Laura Hamborg

The sun and moon
Solen og månen

Laura Hamborg

HOPELESS AND HOPEFUL
As Hopeless, you can see no way other than giving up - while as Hopeful you strive to reach the goal.

SLEEPING AND SLEEPLESS
It is said that those who Sleep do not sin. Does that mean those who do not Sleep sin?

BELIEVER AND FAITHLESS
The Believer have no privileges other than what the faith gives – while the Faithless do not have to deal with that challenge.

FAITHFUL AND INFIDELITY
Good cohabitation requires Faithfulness. Infidelity in all forms is like the snake in paradise.

HÅPLØS OG HÅPEFULL

Som Håpløs ser man ingen annen utvei enn å gi opp - mens man som Håpefull satser alt for å nå målet.

SOVENDE OG SØVNLØSE

Det heter at de som Sover ikke synder. Betyr det at de som ikke Sover synder?

TROENDE OG TROLØSE

Den Troende har ingen privilegier uten dem troen måtte gi - mens den Troløse slipper å forholde seg til den utfordringen.

TROFAST OG UTRO

Et godt samliv forutsetter Trofasthet. Utroskap i alle former er som slangen i paradis.

MOVEMENT AND STANDSTILL
While there is dynamism in Movement - Standstill reveals resignation.

LITTLE AND BIG
If Little and Big have the same mother - it doesn't mean they must have different dad.

JUSTIFIED AND UNJUSTIFIED
A Justified accusation can be lived with, even if it stings - while an Unjustified is as good as impossible to deal with.

TO BELIEVE
The most important is not what you Believe in - but you must Believe in something not to lose yourself.

June 2018

BEVEGELSE OG STILLSTAND

Mens det er dynamikk i Bevegelsen - avslører Stillstand resignasjon.

LITEN OG STOR

Hvis Liten og Stor har samme mor - så betyr ikke det at de må ha forskjellig far.

BERETTIGET OG UBERETTIGET

En Berettiget anklage kan man leve med selv om den svir - mens en Uberettiget er så godt som umulig å tolerere.

Å TRO

Det viktigste er ikke hva du Tror på - men du må Tro på noe for ikke å miste deg selv.

Juni 2018

PROGRESS AND SETBACKS

Progress is easy to promise but challenging to create - while Setbacks come by themselves if you are not fighting for Progress.

KNOWN AND UNKNOWN

To many, it's a dream to become a Celebrity with all that implies - but fortunately, most of us remain Unknown.

Happiest is the one who is lucky enough to live a down-to-earth life.

TECHNIQUE

No Technique can measure with the different human senses.

1994

SAD AND HAPPY

It's Sad when you're not Happy - so it's about taking advantage of the Happiness when you're not Sad.

FREMSKRITT OG TILBAKESKRITT

Fremskritt er lett å love, men utfordrende å skape - mens Tilbakeskritt kommer av seg selv hvis man ikke kjemper for Fremskritt.

KJENT OG UKJENT

For mange er det en drøm og bli Kjendis med alt det fører med seg - men heldigvis forblir de fleste av oss Ukjente.

Lykkeligst er den som er så heldig å få leve et jordnært liv.

TEKNIKK

Ingen Teknikk kan måle seg med menneskets forskjellige sanser.

1994

TRIST OG GLAD

Det er Trist når man ikke er Glad - så Gleden må utnyttes når man ikke er Trist.

OBJECTIVITY AND DIPLOMACY

Let us appear a little more Objective - just be a little more Diplomatic - only a few times a week. We don't need to stretch ourselves more to make the word a better place to live.

TO SMILE OR NOT TO SMILE

It's said that if you Smile to the world, it's Smiling back. There must be many who do not want the world to Smile at them.

1994

BETTER KNOWER

Better Knowing people may very well be right, but it does not help when they convey the message with a touch of: "I know best".

2017

THE WILL TO UNDERSTAND

The Will to Understand as well as desire and faith that one shall succeed, is a condition for reaching one's goals.

OBJEKTIVITET OG DIPLOMATI

La oss opptre litt mer Objektivt - bare være litt mer Diplomatiske - bare noen ganske få ganger hver uke. Vi behøver ikke strekke oss lenger før verden ville blir bedre å leve i.

Å SMILE ELLER IKKE SMILE

Det heter at hvis man Smiler til verden så Smiler den tilbake. Det må være mange som ikke ønsker at verden skal Smile til dem.

1994

BEDREVITENDE

Bedrevitende personer kan gjerne ha rett, men det hjelper ikke når de overbringer budskapet med en snert av at: "Jeg vet best".

2017

VILJE TIL Å FORSTÅ

Viljen til å Forstå samt ønske og tro på at man skal lykkes, er en betingelse for å nå frem.

IT'S THE EYES THAT SEES
We are all seeing different and judge what we see from our own point of view.

FREEDOM UNDER RESPONSIBILITY
I have experienced that Freedom under Responsibility challenges the human strength but also reveals weaknesses.

COLLABORATION AND OPPOSITION
Collaboration is the prerequisite for solid progress - while Opposition only has its justification when healthy people find it necessary to adjust bias.

BIKES AND CARS
Bikes and Cars can never thrive in cohabitation - many lives will be lost before divorce becomes a fact.

DET ER ØYNENE SOM SER

Vi ser alle forskjellig og bedømmer det vi ser ut fra vårt eget ståsted.

FRIHET UNDER ANSVAR

Jeg har erfart at Frihet under Ansvar utfordrer menneskets styrker, men også avslører svakheter.

SAMARBEID OG MOTARBEIDELSE

Samarbeid er forutsetningen for solid fremgang - mens Motarbeidelse har kun sin berettigelse når sunne mennesker finner det nødvendig å justere skjevheter.

SYKLER OG BILER

Sykler og Biler kan aldri trives i samliv - mange liv vil gå tapt før skilsmissen bli et faktum.

ABOUT MAKING MISTAKES
Making Mistakes at times happens to all of us. You will have to live with the consequences anyway, but it is important to learn from the Mistakes.

June 2020

REVOLUTION
Revolution in politics often strikes a negative cord - while the Revolution associated with technical development gets applause.

INTUITION AND INSTINCT
It's good to be able to rely on one's Intuition - but provide the Instinct support by common sense.

HEAVY AND LIGHT
Being Heavy is very well suited to some - while being Light gives far less sweat.

2018

OM Å FEILE
Å gjøre Feil til tider, skjer for oss alle. Konsekvensene vil du uansett måtte leve med, men det er viktig å ta lærdom fra Feilene.

Juni 2020

REVOLUSJON
Revolusjon i forbindelse med politikk har oftest negativ klang - mens Revolusjon i forbindelse med teknisk utvikling får applaus.

INTUISJON OG INSTINKT
Det er godt å kunne støtte seg til sin Intuisjon - men sørg for å la Instinktet få støtte av sunn fornuft.

TUNG OG LETT
Det å være Tung passer utmerket godt til noen - mens det å være Lett gir langt mindre svett.

2018

DEVIOUS

One can easily be fascinated by the Devious - but <u>that</u> dream is rarely deep.

2018

UNDERFUNDIG

Man lar seg lett fascinere av det Underfundige–
men <u>den</u> drømmen er sjelden dyp.

2018